Crescer em Comunhão
CATEQUESE DE INSPIRAÇÃO CATECUMENAL

Livro do catequizando

2

Célio Reginaldo Calikoski

Débora Regina Pupo

Léo Marcelo Plantes Machado

Maria do Carmo Ezequiel Rollemberg

Virginia Feronato

Petrópolis

© 2002, 2014, 2021, Editora Vozes Ltda.
Rua Frei Luís, 100
25689-900 – Petrópolis, RJ
www.vozes.com.br
Brasil
36ª edição, 2021

8ª reimpressão, 2025.

Todos os direitos reservados. Nenhuma parte desta obra poderá ser reproduzida ou transmitida por qualquer forma e/ou quaisquer meios (eletrônico ou mecânico, incluindo fotocópia e gravação) ou arquivada em qualquer sistema ou banco de dados sem permissão escrita da editora.

Imprimatur

Dom José Antonio Peruzzo
Presidente da Comissão Episcopal Pastoral para Animação Bíblico-Catequética – CNBB
Bispo referencial da Animação Bíblico-Catequética no Regional Sul II – CNBB
Arcebispo da Arquidiocese de Curitiba - PR
Agosto de 2021

CONSELHO EDITORIAL

Diretor
Volney J. Berkenbrock

Editores
Aline dos Santos Carneiro
Edrian Josué Pasini
Marilac Loraine Oleniki
Welder Lancieri Marchini

Conselheiros
Elói Dionísio Piva
Francisco Morás
Teobaldo Heidemann
Thiago Alexandre Hayakawa

Secretário executivo
Leonardo A.R.T. dos Santos

PRODUÇÃO EDITORIAL

Anna Catharina Miranda
Eric Parrot
Jailson Scota
Marcelo Telles
Mirela de Oliveira
Natália França
Priscilla A.F. Alves
Rafael de Oliveira
Samuel Rezende
Verônica M. Guedes

Projeto gráfico: Ana Maria Oleniki
Diagramação: Ana Paula Bocchino Saukio
Revisão gráfica: Francine Porfirio Ortiz
Capa: Ana Maria Oleniki
Revisão teológica: Débora Regina Pupo

ISBN 978-65-571-3231-9

Este livro foi composto e impresso pela Editora Vozes Ltda.

SUMÁRIO

Apresentação, 5

BLOCO 1 — DEUS SE MANIFESTA À HUMANIDADE

1 Deus nos fala de muitas maneiras, 8

2 Deus criou o mundo e o entregou ao nosso cuidado, 14

3 Somos irmãos no amor de Deus, 19

4 Deus tem um plano para nos fazer felizes, 24

5 **Encontro celebrativo:** O plano de amor de Deus e a criação, 27

BLOCO 2 — DEUS FAZ ALIANÇA COM SEU POVO

6 Estabeleço minha aliança convosco, 32

7 Abraão, deixa a tua terra!, 36

8 Moisés, liberta meu povo!, 39

9 Deus nos prepara para sermos o seu povo, 44

Celebração: Entrega dos mandamentos, 49

BLOCO 3 — DEUS ORIENTA SEU POVO

10 Os mandamentos nos aproximam de Deus, 54

11 Os mandamentos nos aproximam dos irmãos, 57

12 Façam também vocês como eu, 60

13 A vivência da Lei de Deus fortalece a comunidade, 64

14 **Encontro celebrativo:** O novo mandamento do amor, 69

BLOCO 4 — DEUS NÃO ABANDONA SEU POVO

15 Davi, escolhido para uma grande missão, 74

16 O povo se distancia da Lei de Deus, 78

17 Profetas, vozes da justiça, 82

18 Profetas, vozes da esperança, 86

19 Maria, a mãe do Salvador, 89

20 **Encontro celebrativo:** Profetas, mensageiros de Deus, 93

Queridos catequizandos,
Prezados pais e familiares,
Estimados catequistas,

Mais uma vez foi revisada a *Coleção Crescer em Comunhão*. Ela lhes chega com o desejo de acompanhar o caminho de fé de crianças e adolescentes. As páginas em suas mãos trazem textos portadores de preciosos conteúdos catequéticos, expostos com cuidados didáticos e muita sensibilidade pedagógica.

Os autores trabalharam com muita dedicação, tendo os olhos fixos em vocês, queridos catequizandos. Ao escreverem, mantiveram a atenção e a sensibilidade à idade, aos interesses, às necessidades e à linguagem própria de quem pode crescer na fé mediante a educação para o discipulado na catequese. Mas também vocês, queridos catequistas, foram lembrados, tendo reconhecidos suas experiências e o anseio de fazer ecoar a Palavra de Deus.

A vocês, prezados pais e familiares, recordo que, em catequese, nada é tão decisivo quanto o interesse e a participação da família. O testemunho de fé que os catequizandos encontrarem em casa, assim como o entusiasmo pela formação catequética dos filhos, farão com que eles percebam a grandeza do que lhes é oferecido e ensinado.

Agora, pronta a obra, chegou o momento de apresentá-la aos destinatários. É um bom instrumento. É um recurso seguro aos que se entregam à catequese. Mas a experiência de fé vem de outra fonte. Vem do encontro com Jesus Cristo. Por Ele, vale a pena oferecer o melhor. Com Ele, podemos *Crescer em Comunhão*.

Dom José Antonio Peruzzo
Arcebispo da Arquidiocese de Curitiba – PR
Bispo referencial da Animação Bíblico-Catequética no Regional Sul II – CNBB
Presidente da Comissão Episcopal Pastoral para Animação Bíblico-Catequética – CNBB

DEUS SE MANIFESTA À HUMANIDADE

1. Deus nos fala de muitas maneiras
2. Deus criou o mundo e o entregou ao nosso cuidado
3. Somos irmãos no amor de Deus
4. Deus tem um plano para nos fazer felizes
5. **Encontro celebrativo:** O plano de amor de Deus e a criação

1 DEUS NOS FALA DE MUITAS MANEIRAS

As pessoas, desde seu nascimento, se comunicam para expressar o que sentem, o que precisam, o que não gostam ou admiram. Assim, por meio da comunicação é possível ao ser humano receber ou transmitir uma informação, e muitos são os recursos que o ajudam a realizá-la. Dentre esses recursos estão os diversos meios de comunicação.

Deus também se comunica com as pessoas. Ele se revelou ao ser humano ao longo dos tempos. E o lugar por excelência desta comunicação de Deus está na Bíblia.

CRESCER COM A PALAVRA

Existem diversos meios de comunicação, como o telefone, a televisão, o rádio, o jornal, a internet, um gesto do nosso corpo e a conversa que temos com alguém. Cada meio permite que nos comuniquemos de uma maneira diferente. A internet ou a televisão possibilita que muitas pessoas vejam a mesma informação. Através do celular, conseguimos transmitir a informação que recebemos a outras pessoas por mensagens.

1. Qual é o meio de comunicação que você mais gosta? Desenhe sua resposta.

a. Agora, escreva por que esse meio é o seu preferido.

2. Após participar da atividade que seu catequista propôs, escreva o que você aprendeu.

Vamos agora ouvir o que Deus nos diz. Peçamos ajuda a Ele para entender o que vai nos falar, dizendo:

Senhor Deus, envia sobre nós o Espírito Santo que Jesus prometeu, para nos revelar vosso amor e nos ensinar a praticar a vossa Palavra de vida.

- Ouça a leitura que o catequista fará do texto: Is 48,16-17.

  - Agora faça uma leitura silenciosa em sua Bíblia. Depois, seguindo a orientação de seu catequista, diga em voz alta uma palavra desse texto que mais lhe falou ao coração.

Ao longo dos textos bíblicos do Antigo e do Novo Testamento, Deus se comunica com os seres humanos por meio da palavra, dos gestos e dos acontecimentos, como também pela natureza e pela vida das pessoas. Aproximar-se d'Ele é estar atento para ouvi-lo, pois é Ele que nos orienta e conduz para o caminho do bem.

A essência de Deus é a comunicação. Comunicando, Ele se revelou ao ser humano ao longo dos tempos. E o lugar por excelência desta comunicação de Deus é a Bíblia.

[?] Você tem "escutado" os ensinamentos de Deus na sua vida? Como?

[?] Tem respondido a esses ensinamentos? De que forma?

3. Se pensarmos bem, muitas vezes nos tornamos surdos ao que Deus nos comunica. Responda às perguntas escrevendo ou desenhando nos quadros.

Quando fazemos isso em relação à natureza?

Quando fazemos isso em relação aos fatos da vida?

Quando fazemos isso em relação às pessoas?

4. Deus se comunica conosco por meio dos acontecimentos. Pense e responda:

a. Quais os acontecimentos noticiados pela TV, jornal, rádio, internet...

Que estão prejudicando as pessoas?	Que estão ajudando as pessoas?

b. Comparando os dois quadros, responda:

- O que Deus nos comunica por meio dessas notícias?

- Que atitudes o cristão precisa desenvolver para comunicar o amor de Deus?

CRESCER NA ORAÇÃO

Deus gosta quando falamos com Ele, por isso quer ouvir você!

✳ Converse com Ele, diga o que está em seu coração. Faça, com suas palavras, a sua oração: agradecendo, louvando, suplicando...

✴ Com seu grupo, rezem juntos as orações que cada um elaborou. Concluídas as preces, vamos dizer juntos:

Senhor, concedei-nos o entendimento necessário para ouvir os vossos ensinamentos e colocá-los em prática em nossas vidas. Amém!

CRESCER NO COMPROMISSO

Converse com sua família sobre o que foi refletido e você aprendeu neste encontro. Seria muito legal, também, se depois conversassem sobre uma informação que ouviram na TV, no jornal, e refletissem a respeito de quais foram as atitudes das pessoas, buscando identificar se é possível reconhecer Deus comunicando-nos seu amor por meio delas.

Deus nos fala por meio das pessoas. Você pode dirigir-se a um de seus amigos e dizer que o estima, que o quer bem, quais qualidades você admira nele...

❓ *Como você pretende comunicar o amor de Deus para o seu amigo?*

✴ Escreva o gesto que realizará para fazer isso.

2 DEUS CRIOU O MUNDO E O ENTREGOU AO NOSSO CUIDADO

Deus criou todas as coisas. São muitas as maravilhas que Ele criou e quis dar para nós. Tudo que existe é para nosso bem. Mas também devemos ter a responsabilidade de cuidar da criação de Deus, deste grande presente que Ele nos deu.

Atualmente, vemos muitas pessoas que defendem a criação porque sabem que o ser humano depende dela para sobreviver. O cristão deve defendê-la porque sabe que ela é obra de Deus entregue a cada um de nós. Portanto devemos preservá-la para as futuras gerações, conforme a vontade de d'Ele.

CRESCER COM A PALAVRA

1. Você está sendo convidado a ser o desenhista. Pense no que você viu durante o trajeto de sua casa até o local da catequese. Quais foram os elementos da natureza que você observou? Como eles compõem a paisagem?

a. Faça um desenho para representar o que viu no caminho que você fez.

Tudo isso faz parte da natureza. São coisas criadas por Deus, são o espelho e a expressão da bondade, ternura de Deus. Todos os seres nos falam de Deus e nos fazem lembrar d'Ele.

Antes da leitura bíblica, vamos fazer a oração:

Senhor Deus, abra minha mente para compreender vossa vontade (traçar sinal da cruz na testa); *meu coração para acolher vosso amor* (traçar sinal da cruz no peito); *minha boca para anunciar vossa Palavra de vida* (traçar sinal da cruz na boca). *Amém!*

Acompanhe em sua Bíblia a leitura: Gn 1,1-26.

Leia o texto novamente na Bíblia, depois pense:

- O que Deus quer de nós a partir deste texto bíblico?
- Estamos cumprindo a vontade de Deus, expressa no texto bíblico?

Deus deixa suas marcas de amor na natureza. Olhando-a, podemos perceber que:

- O mar nos fala da GRANDEZA de Deus.
- O rio fala de VIDA, pois sem água não há vida.
- A árvore nos fala de VIDA INTERIOR, que faz crescer.
- A flor fala da BELEZA de Deus, e nos ensina que todos temos uma beleza interior.

Tudo isso nos foi dado como um presente.

Todos gostam de ganhar presentes. Existem presentes que precisam de cuidados. A natureza que ganhamos de presente de Deus também necessita de certos cuidados. E esses cuidados exigem do ser humano saber proteger e preservar a natureza, perceber que tudo está relacionado: a flor precisa do sol; o peixe precisa da água; a abelha precisa da flor. Isso tudo fala da harmonia de Deus no mundo.

2. Agora, pense no texto bíblico e escreva:

O que o ser humano está fazendo?	O que o ser humano deveria fazer?

a. Conseguiu entender o que Deus quer de nós?

b. Será que estamos cumprindo a vontade de Deus?

Precisamos conhecer melhor o lugar onde moramos, suas particularidades e os principais problemas que o afetam. Neste espaço, as nossas atitudes, por menores que sejam, contribuem diretamente para um mundo melhor, mais harmônico, equilibrado e sustentável. E, igualmente, as nossas interferências podem colocar em risco a sustentabilidade e, consequentemente, comprometer as gerações futuras.

Exercitar o respeito pela criação é uma atitude diária, por isso é importante lembrar que nós compartilhamos de um mesmo ambiente e que o planeta onde habitamos é a nossa casa comum, ou seja, o lugar que compartilhamos com as outras pessoas.

CRESCER NA ORAÇÃO

Nós devemos melhorar e preservar o mundo onde vivemos, por isso precisamos viver de maneira nova, usando bem e corretamente as boas coisas que hoje temos.

Em silêncio, reflita sobre as suas atitudes e o cuidado com a criação. Depois converse com Deus pedindo perdão por ter praticado atitudes que não ajudaram a cuidar das obras de sua criação.

São Francisco de Assis, fiel seguidor de Jesus Cristo, nascido em Assis (Itália), em 1182, deixou um legado de amor à natureza: ao amar as criaturas, ama-se o Criador. São Francisco é um santo que nos motiva a amar a natureza, a louvar o Criador através das criaturas e a dar a cada uma delas a sua devida importância na criação.

✴ Reze junto com seu grupo de catequese uma parte do Cântico das Criaturas, de São Francisco de Assis:

Louvado sejas, meu Senhor, com todas as tuas criaturas, especialmente o senhor irmão sol, o qual faz o dia e por ele nos alumia.
E ele é belo e radiante, com grande esplendor: de ti, Altíssimo, nos dá ele a imagem.
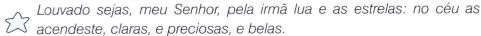
Louvado sejas, meu Senhor, pela irmã lua e as estrelas: no céu as acendeste, claras, e preciosas, e belas.
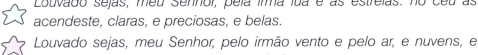
Louvado sejas, meu Senhor, pelo irmão vento e pelo ar, e nuvens, e sereno, e todo o tempo, por quem dás às tuas criaturas o sustento.
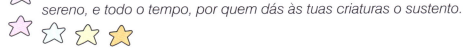

CRESCER NO COMPROMISSO

Cada um de nós é responsável pelo presente e pelo futuro bem-estar da família humana e dos demais seres vivos. Vamos refletir, por exemplo, sobre a separação do lixo reciclável:

- Como está a separação do lixo reciclável em sua casa?
- Se você e sua família já a fazem, que tal incentivar outra família conhecida a fazer o mesmo? Se não a fazem, que tal começar a fazer?
- Pesquise mais sobre a separação do lixo em casa.
- Convide os pais para envolverem-se neste trabalho e juntos aprenderem como podem contribuir nos cuidados com a obra da criação. É uma oportunidade de a família participar da catequese.

✴ Anote o que você e sua família decidiram fazer para contribuir nos cuidados com a criação.

_____
_____
_____
_____
_____
_____

SOMOS IRMÃOS NO AMOR DE DEUS 3

Somos chamados em nossas vidas a sermos imagem e semelhança de Deus. Mas isso não está relacionado somente à aparência física. É preciso, portanto, ser "imagem e semelhança" na maneira de agir, com atitudes de quem segue os ensinamentos de Jesus, principalmente os de amor a si mesmo e ao próximo, de respeito, bondade e justiça.

Deus nos ama e quer que todos os seus filhos se queiram bem.

CRESCER COM A PALAVRA

O sonho de Deus Pai é que toda a sua criação viva o amor, que é fonte de vida. Para tanto, Ele envia seu único Filho ao mundo para anunciar esse amor. Uma pessoa ou comunidade humana, que tem como base de suas relações a prática do amor divino, é capaz de conviver de modo pacífico com as diferenças, promovendo a paz e a não violência. Essa é a missão de todos que seguem a proposta de Jesus.

- Leia com o grupo o texto: Gl 3,26-28.
    - O texto bíblico diz que somos todos filhos de Deus. O que significa isso para você?
    - Olhando sua realidade, você percebe uma divisão entre as pessoas?
    - Como Deus quer que sejamos em nossa sociedade, comunidade, família?

Cada ser humano é convidado a voltar-se para Deus e trabalhar para que o mundo seja do jeito que Ele planejou para todos nós. Um mundo de justiça, solidariedade, respeito mútuo, ou seja, um mundo de irmãos.

Assim, cada um de nós é chamado a revestir-se de Cristo, vivendo como Ele, expressando seus valores, seus gestos e seu amor a todos. Pela fé em Jesus, todos somos iguais, já não há diferenças entre as pessoas.

Como irmãos, devemos: amar uns aos outros; acolher bem os que nos procuram; respeitar as diferenças entre as pessoas; alegrar-nos com o progresso e as vitórias de nossos colegas; caminhar juntos na prática do bem. Como filhos de Deus, somos irmãos que devem cuidar uns dos outros, pois irmão é para ser amado, protegido, respeitado, valorizado.

? *Isso vale para o planeta inteiro. Mas é isso o que está acontecendo?*

- O que vemos em nosso dia a dia é o comportamento de uma família de irmãos que se amam?
- Será que as pessoas estão sendo tratadas com o respeito e o acolhimento esperados de uma grande família, na qual todos se reconhecem como filhos de Deus?

1. Cada notícia mostra fatos sobre os quais as pessoas nem sempre percebem as causas. Observando as notícias que seu catequista apresentou, pense e responda:

    a. Como alguém se torna agressivo, desonesto, desrespeitoso? Por que nações, grupos, pessoas agem dessa maneira?

b. Observando algumas notícias boas, o que precisaria ser diferente para que coisas ruins não acontecessem?

c. Como as pessoas crescem e se preparam para fazer o bem?

d. Como são tratadas as diferenças entre as pessoas nos aspectos físicos, sociais, culturais e étnicos?

2. Seguindo a orientação de seu catequista, compartilhe as suas respostas com os colegas e elaborem um texto coletivo sobre o que aprenderam. Registre o texto.

Todas as situações de violência devem ser enfrentadas com coragem, assim como devem ser combatidas e vencidas as injustiças que elas produzem. É por conta da violência que o mundo pode ser considerado perigoso. Isso acontece porque as pessoas aprenderam a dominar as coisas antes de dominarem a si mesmas, ou seja, aprenderam a defender seus interesses antes de aprenderem a controlar seus impulsos de agir e falar sem pensar, de fazer escolhas de modo egoísta, sem considerar o próximo ou aquilo que é bom para a sociedade.

A consciência de que Deus é nosso Pai desperta em nós a certeza de que somos todos irmãos. É pensando como família de Deus que redescobriremos nossos direitos e deveres, nos quais os valores da união, da simplicidade, do respeito, do amor, da justiça e da paz são respeitados.

Quando pensamos assim nos tornamos capazes de construir uma cultura de paz, que significa compreender e colocar em prática o amor fraterno, o respeito pela liberdade do outro de se expressar.

CRESCER NA ORAÇÃO

Seguindo as orientações do catequista, reze em pequenos grupos.

Grupo 1: Para que tenhamos um mundo de justiça, solidariedade, respeito mútuo, e para que saibamos ser irmãos uns dos outros.

Todos: Ajuda-nos, Pai do Céu.

Grupo 2: Para que saibamos viver como Jesus, expressando seus valores, seus gestos, seu amor a todos, pois n'Ele todos somos iguais.

Todos: Ajuda-nos, Pai do Céu.

Grupo 3: Para que saibamos amar uns aos outros, acolher os que mais necessitam e respeitar as diferenças entre as pessoas.

Todos: Ajuda-nos, Pai do Céu.

Rezemos todos juntos a oração:

Catequista: Deus Pai nos ama muito. Ele nos deu um irmão, Jesus Cristo, que nos quer bem, nos ama e nos leva pelo caminho do amor. Por isso rezemos.

Todos: Senhor, que possamos a cada dia nos tornar mais "imagem e semelhança de Deus" e, dessa forma, amar os nossos irmãos como Jesus nos ama.

Catequista: Senhor, somos obra do vosso amor, que nos fez irmãos.

Todos: Queremos colaborar para que vossos filhos sejam vossas testemunhas, evitando as coisas que dividem e vivendo em união.

Catequista: Quando dizemos "Pai nosso", estamos dizendo que somos irmãos entre nós, pois temos o mesmo Pai. Rezemos juntos:

Todos: Pai nosso...

CRESCER NO COMPROMISSO

Seremos verdadeiros irmãos para os outros à medida que os reconhecermos como filhos de Deus e os tratarmos com respeito e dedicação. E isso começa na nossa casa, na nossa escola, na nossa comunidade.

Pense no que pode fazer para ajudar as pessoas de sua família, que convivem em sua casa, a se relacionarem bem e a se reconhecerem como filhas de Deus.

★ Agora escreva no espaço seus propósitos para se lembrar do que se comprometeu a realizar.

4 DEUS TEM UM PLANO PARA NOS FAZER FELIZES

Deus tem um plano para a nossa felicidade. Ele nos quer plenamente felizes, e a receita está na sua Palavra expressa na Bíblia. Nela encontra-se a história do plano de amor de Deus à humanidade.

CRESCER COM A PALAVRA

Deus acompanha seu povo na história, mesmo nos momentos difíceis. Ele chama todos para buscarem a felicidade para a qual fomos criados. Isso nos mostra que todos contribuímos para a continuidade da história do povo de Deus. Por isso Deus precisa de colabores em todos os tempos e lugares. Ele confia que responderemos ao seu chamado de cooperar para a realização de sua promessa de uma vida plena, de alegria e paz.

- Vamos acompanhar a leitura: Gn 17,7.
  - Leia outra vez o texto.

1. Escreva uma palavra que representa a ideia do que foi lido no texto bíblico.

O povo de Deus tem uma história na qual muitos colaboraram. E Deus assume junto a seu povo o compromisso de ser companheiro fiel no decorrer dessa história, pois Ele quer estar sempre conosco.

? Para você, o que é confiar totalmente em alguém? Como mostrar essa confiança?

Deus acompanha seu povo na história, mesmo nos momentos difíceis. Ele nos chama a buscar a felicidade para a qual fomos criados. E assim como o povo hebreu foi chamado a preparar a vinda de Jesus Cristo, nós igualmente somos chamados a dar uma resposta consciente e livre a Deus, que nos chama para contribuir com o seu Reino. Ele oferece para nós uma vida plena, de alegria e paz, e confia que responderemos ao seu chamado de cooperarmos para a realização de sua promessa.

AGORA É SUA VEZ DE FAZER HISTÓRIA.

CRESCER NA ORAÇÃO

Deus nos anima a continuarmos a nossa história com Ele, a sermos continuadores da história do seu povo. Juntos, rezemos.

Catequizando 1: Deus nos criou para cultivarmos o amor fraterno e gerarmos comunhão entre nós, seres humanos, e de nós com a natureza por Ele criada, mas às vezes encontramos injustiças em nosso mundo. Por isso pedimos:

Todos: Vem nos animar a seguir seu plano de amor.

Catequizando 2: Mesmo o ser humano decidindo afastar-se de Deus, Ele jamais desistiu de amá-lo. Deus vem ao nosso encontro para fazer acontecer a comunhão.

Todos: Vem nos animar a seguir seu plano de amor.

Catequizando 3: Deus escolheu um povo para com Ele crescer em comunhão de amor. A plenitude do plano do Pai é a presença de Jesus, seu Filho, entre nós.

Todos: Vem nos animar a seguir seu plano de amor.

Catequista: Cheios de confiança, agradeçamos a Deus por, com seu amor, cuidar de todos nós.

Todos: Senhor, Deus Criador, nós vos agradecemos porque conduzis nossa vida pelos vossos caminhos, para que sejamos felizes conforme a vossa vontade. Obrigado porque "a todos tratais com bondade, porque tudo é vosso, Senhor, amigo da vida!" (cf. Sb 11,26).

CRESCER NO COMPROMISSO

Deus criou o mundo, e tem um plano de amor para que o mundo seja melhor. Ele precisa de ajudantes.

✳ Durante esta semana pense em alguma coisa que você pode fazer para ajudar o mundo a ser um lugar melhor para se viver e conviver. Escreva esta ação. Depois procure realizá-la.

ENCONTRO CELEBRATIVO
O PLANO DE AMOR DE DEUS E A CRIAÇÃO

5

ACOLHIDA

Catequista: Como é bom nos reunirmos para celebrar o plano de amor de Deus a todos nós! Colocando-nos diante de nosso Deus, iniciemos: Em nome do Pai e do Filho e do Espírito Santo.

Todos: Amém.

Catequista: Deus criou tudo o que existe para o nosso bem. Criou a água, as plantas, as flores que dão frutos e enfeitam a vida. Criou as pessoas que ajudam a promover vida. Glorifiquemos a Deus por tudo o que Ele criou para o nosso bem. Quando vemos o céu, a lua, as estrelas, nós dizemos:

Todos: Senhor, nosso Deus, como sois grande!

Catequista: Quando vemos os pássaros, as árvores, os animais, dizemos com alegria:

Todos: Senhor, nosso Deus, como sois grande!

Catequista: Quando pensamos que criastes cada um de nós e entregastes vossas obras nas nossas mãos para delas cuidarmos, dizemos:

Todos: Senhor, nosso Deus, como sois grande!

Catequista: No princípio, antes que tudo existisse, Deus criou o céu e a terra, os animais e as plantas. E Deus viu que tudo era muito bom, e quis chamar para a vida alguém que fosse parecido com Ele: a pessoa humana.

ATO PENITENCIAL

Catequista: Deus ama cada um de nós como um filho predileto, e se há uma coisa que Deus não faz é deixar de amar. Mas Ele não nos obriga a amá-lo, porque ninguém pode amar por obrigação. Deus nos ama e tem um projeto de amor para nós, mas esse projeto depende do nosso "sim"; se não quisermos, o projeto de Deus não se realiza em nós.

Catequizando 1: Deus criador, pelas vezes que maltratamos a natureza, nós pedimos:

Todos: Tem misericórdia de nós, Senhor!

Catequizando 2: Deus criador, pelas vezes que desrespeitamos as pessoas, nós pedimos:

Todos: Tem misericórdia de nós, Senhor!

Catequizando 3: Deus criador, pelas vezes que não nos importamos com a criação e com tuas criaturas, prejudicando teu projeto de amor, pedimos:

Todos: Tem misericórdia de nós, Senhor!

PROCLAMAÇÃO DA PALAVRA

Catequista: Não há nada no mundo que não seja obra de Deus. Ele criou o céu e a terra, os animais, as plantas e os seres humanos; Ele sonhou um mundo de irmãos, de amor, de justiça e de paz. Jesus chamou de Reino de Deus a realização desse sonho. E mesmo sem precisar de nossa ajuda, Deus conta conosco para realizar seu projeto.

Canto

Leitor: Proclamação do Evangelho de Jesus Cristo segundo Mateus 13,31-33.

Leitor: Palavra da Salvação.

Todos: Glória a vós, Senhor.

REFLEXÃO SOBRE A PALAVRA

Catequista: O mundo onde vivemos é a casa que Deus preparou para nós. E nesse mundo devemos realizar o projeto d'Ele. Que atitudes ajudam a construir o Reino de Deus? Quais atitudes devemos ter para ajudar na construção do projeto de Deus?

Todas as nossas atitudes e gestos contribuem com o plano de amor de Deus. Só depende de nós! Nossa missão é ajudar a realizar esse plano: somos colaboradores do Reino de Deus. Sempre que ouvimos o que Deus nos diz, buscando compreender e fazer a sua vontade, estamos fazendo nossa parte para tornar o Reino de Deus presente no mundo. Somos chamados a descobrir a força de Deus nas coisas da vida, a ajudar as pessoas a descobrirem quem é Jesus. Deus quer nossa participação para fazer crescer o Reino entre nós.

ORAÇÃO

Catequizando 1: Deus de amor, que estás presente em todo o Universo e na menor de tuas criaturas, envolve com a tua ternura tudo o que existe, derrama em nós a força do teu amor, para que cuidemos da vida e da beleza.

Catequizando 2: Ajudai-nos a proteger o mundo, e não o depredar, para que semeemos beleza, e não destruição.

Catequizando 3: Ensinai-nos a descobrir o valor de cada coisa, a contemplar com encanto, a reconhecer que estamos profundamente unidos a todas as criaturas no nosso caminho para a tua luz infinita.

Catequista: Como irmãos que constroem juntos o Reino de Deus, vamos nos dar as mãos e dizer:

Todos: Pai nosso, que estais nos céus...

BLOCO 2

DEUS FAZ ALIANÇA COM SEU POVO

6   Estabeleço minha aliança convosco

7   Abraão, deixa a tua terra!

8   Moisés, liberta meu povo!

9   Deus nos prepara para sermos o seu povo

Celebração
Entrega dos mandamentos

6 ESTABELEÇO MINHA ALIANÇA CONVOSCO

"VOCÊ JÁ OUVIU FALAR DE ALGUM ACORDO QUE AS PESSOAS FAZEM?"

Um acordo é um compromisso entre pessoas, no qual cada uma deve fazer a sua parte.

Deus fez muitos acordos com o seu povo, que chamamos de "alianças". Para fazer essas alianças, Ele vem ao encontro do povo e diz qual é a sua vontade, pois Deus é nosso amigo e nos quer felizes. Cabe às pessoas dar a sua resposta e, se aceitarem essas alianças, se comprometerem com fidelidade.

CRESCER COM A PALAVRA

Nos casamentos, como sinal do acordo firmado, os noivos trocam alianças entre si e se comprometem a viver o amor e a fidelidade. Deus também gosta de fazer acordos com seu povo; desde o princípio, Ele se comunicou, revelou o seu amor, a sua graça e a sua vontade.

■ Vamos ler o que a Bíblia nos diz sobre a aliança que Deus propõe: Gn 9,8-17.

1. Escreva qual foi a aliança que Deus fez com Noé.

_____

_____

_____

_____

_____

_____

2. Noé esforçou-se para fazer o que Deus pediu. O que você pode fazer para realizar a vontade de Deus?

_____

_____

_____

_____

_____

_____

_____

_____

Na Bíblia lemos sobre as alianças que Deus fez com seu povo – com Noé, com Abraão, com Moisés. Depois deles vieram pessoas, como Josué e o profeta Jeremias, anunciando que Deus faria uma nova aliança para restaurar a união com seu povo, perdoando os seus pecados. Deus cumpriu essa nova aliança no Novo Testamento quando nos enviou Jesus, seu Filho, para nos salvar.

Nas alianças com seu povo, Deus sempre cumpre a sua promessa, faz a sua parte. Porém nem sempre o povo é fiel aos acordos, ou seja, nem sempre as pessoas obedecem ou são unidas o suficiente para fazerem o que Deus pede. Mas Deus nunca desistiu de manter essas alianças e de cuidar do seu povo.

A aliança é uma relação de diálogo entre Deus e a humanidade. Deus é quem sempre teve a iniciativa de fazer alianças, pois nos ama, quer o nosso bem e quer estar ao nosso lado, por isso se compromete com as nossas vidas. Este compromisso está na base de todas as alianças firmadas por Deus.

A aliança é dom, porque revela a iniciativa e a bênção de Deus; é também tarefa, porque exige de nós esforço para cumprir aquilo que Deus propõe. Deus fez com Noé uma aliança eterna entre Ele e todos os seres vivos (cf. Gn 9,16). Mas é importante compreender que depois da Nova e Eterna Aliança realizada em Jesus Cristo, na qual Jesus ofereceu a sua própria vida pela nossa salvação, sendo fiel ao Pai em tudo, não é necessário outro acordo, outra aliança. Assim, para ter Deus ao nosso lado, basta que também façamos a nossa parte, ou seja, basta oferecermos também a nossa vida a Ele, agindo como Jesus ensinou, sempre fazendo o bem e ajudando aqueles que mais necessitam.

CRESCER NA ORAÇÃO

Pare e pense: O que o texto bíblico deste encontro e as reflexões que fizemos nos levam a conversar com Deus?

Faça espontaneamente a sua prece.

Rezemos juntos:

Senhor Deus, olhai para estes vossos filhos e filhas que buscam aproximar-se de vós. Fazei com que nesta caminhada da catequese possamos conhecê-lo e aprender a viver a fidelidade da aliança convosco. Amém.

CRESCER NO COMPROMISSO

Você também pode fazer um acordo, uma aliança com Deus. Pense sobre como você e sua família podem agir sendo fiéis ao que Deus nos pede.

★ Escreva sua proposta para este compromisso.

7 Abraão, deixa a tua terra!

A Bíblia nos conta que Deus fez uma aliança com um homem chamado Abraão. Este homem foi chamado por Deus a sair de sua terra para que seus filhos formassem um povo numeroso. Assim começa a história do povo de Israel: Abraão aceitou o convite, o chamado de Deus, e caminhou com a sua família até a Terra Prometida.

CRESCER COM A PALAVRA

- Vamos acompanhar a leitura bíblica e saber como foi o chamado de Abraão: Gn 12,1-8.
    - Por que Abraão saiu da terra onde morava?
    - Qual foi a promessa que Deus fez a Abraão?

Na aliança com Abraão, Deus prometeu uma grande descendência, e cumpriu. Abraão foi pai de um povo – o povo de Israel. Depois de muitos séculos, deste povo nasceu Jesus de Nazaré.

Deus também convida, chama, cada um de nós. Mas é preciso escutar o seu chamado para nos colocarmos a seu serviço e, tal como fez Abraão, termos a coragem de dizer "sim" a Ele.

1. Observe as palavras em destaque nos quadros e depois escreva ou desenhe uma situação semelhante que aconteceu com você e sua família.

CHAMADO	RESPOSTA
Abraão foi chamado por Deus a sair de sua terra para que seus filhos formassem um povo numeroso.	Abraão aceitou o convite, o chamado de Deus, e caminhou com a sua família até a Terra Prometida.

CRESCER NA ORAÇÃO

Vamos fazer nossa oração pedindo a Deus para nos ajudar a nos manter fiéis a Ele.

Catequizando 1: Senhor, a exemplo de Abraão que recebeu uma promessa e acreditou, que saibamos também ouvir o que desejas para as nossas vidas!

Todos: Ajude-nos a acreditar nas suas promessas!

Catequizando 2: Senhor, assim como Abraão, que foi o pai de uma grande nação da qual nasceu Jesus, que tenhamos disponibilidade para aceitar aquilo que nos pede.

Todos: Obrigado, Senhor, porque fazemos parte deste povo; somos irmãos e amigos de Jesus!

Catequizando 3: Senhor, muitas pessoas deixam suas terras, vão para lugares distantes e não têm onde morar.

Todos: Ajude essas pessoas em seu caminho.

Catequizando 4: Senhor, que nossas famílias possam ser como a família de Abraão, que correspondeu à vontade de Deus.

Todos: Ajude nossos familiares a serem amigos seus!

Catequista: Senhor Deus, olhai para estes vossos filhos que buscam aproximar-se de vós. Fazei com que nesta caminhada da catequese eles vos conheçam e aprendam a fidelidade à aliança convosco. Amém.

CRESCER NO COMPROMISSO

Muitas pessoas, assim como Abraão, precisaram migrar em busca de uma vida melhor, de oportunidades novas.

Vamos em família rezar por todas essas pessoas.

✳ Escolha um momento com sua família e faça uma oração espontânea na intenção de que Deus possa, com sua presença, conduzir essas pessoas no caminho do bem.

Moisés, liberta meu povo! 8

O povo de Deus que vivia no Egito tornou-se numeroso. O faraó, com receio de que esse povo viesse a dominar seu território, resolveu escravizá-lo com trabalhos forçados, perseguição e morte a seus filhos recém-nascidos. O povo, sofrendo, recorre a Deus pedindo ajuda. Deus, sempre fiel ao seu plano de amor, chama Moisés e lhe dá uma tarefa especial: libertar seu povo da escravidão e levá-lo à Terra Prometida.

CRESCER COM A PALAVRA

Moisés teve uma grande tarefa na condução do povo de Deus. Para ajudá-lo a ter uma ideia, imagine que você precisasse organizar um jogo de futebol.

1. Descreva todos os elementos que fazem parte de um jogo de futebol.

> **Jogo de futebol**

Para que o jogo de futebol se realize, é necessário que todas as pessoas do time assumam com responsabilidade o seu papel. Isso exige trabalho, esforço e observância das regras do jogo, principalmente por parte do técnico, o líder do time. O técnico tem o papel fundamental de treinar e incentivar os jogadores, conhecer as melhores jogadas de cada um e saber escalar aqueles que ajudarão o time a ganhar cada partida. E mesmo que seu time seja derrotado, como líder, ele deve incentivar todos a melhorarem para o próximo jogo.

Como no jogo de futebol, nós também precisamos de pessoas que nos ajudem e orientem em nossa casa, na escola, na catequese e em muitos outros lugares.

Na história do povo hebreu igualmente houve um grande líder, Moisés, que ajudou o povo a se LIBERTAR da escravidão, do poder do faraó, e a se ORGANIZAR.

📖 Acompanhe em sua Bíblia a leitura: Ex 3,1-20.

2. Do texto lido, eu quero destacar a seguinte frase ou palavra:

Como Moisés, precisamos fazer uma experiência de proximidade e intimidade com Deus.

- 📖 Você se identifica com Moisés?
- 📖 Você também se sente escolhido e enviado para uma missão?
- 📖 Como sente a presença de Deus no seu dia a dia, na sua vida?

Depois da morte de Abraão, Deus continuou cuidando de seu povo, renovando com ele a promessa feita. No entanto, quando o povo de Israel se retirou para o Egito, tornou-se objeto de exploração dos governantes, e assim veio a ESCRAVIDÃO. Deus ouve o clamor do povo e quer diminuir seu sofrimento trazendo a todos a LIBERTAÇÃO.

Para seu projeto de libertação, Deus precisa de colaboradores. Escolhe e confia em Moisés para essa missão. Por ser uma missão muito difícil, Moisés sentiu medo e alguns pensamentos não lhe saíam da cabeça: "Será que conseguirei levar o povo de Israel até a Terra Prometida? Será que o povo confiará em mim?".

Moisés, porém, não se deixou vencer pelo medo e confiou em Deus. Voltou do deserto para o Egito porque se preocupou com o sofrimento do povo; ele não fechou os olhos para o mal e as injustiças. Os hebreus viviam no Egito como escravos e sofriam muito, mas, lentamente, Moisés foi preparando-os para o grande dia da libertação. Com coragem e a ajuda de Deus, os hebreus saíram do Egito guiados por Moisés, que os conduziu e organizou.

CRESCER NA ORAÇÃO

Moisés conversou com Deus diante de uma árvore que queimava. Nós temos algo que Moisés ainda não tinha: podemos falar com o próprio Cristo. Vamos apresentar a Cristo tudo aquilo que nos escraviza e pedir a Ele ajuda para nos libertar do que atrapalha as nossas vidas.

Moisés recebeu a missão de libertar o povo de Deus da escravidão no Egito. Peçamos a Deus coragem e sabedoria para ajudar a libertar as pessoas de tudo o que as deixa prisioneiras – dinheiro, moda, ganância, excesso de vaidade e outros. Para que possamos seguir o exemplo de Moisés e ajudar as pessoas, rezemos:

Senhor Deus, eu sei que há muitas pessoas que sofrem, tristes e desanimadas, porque estão presas a situações ruins. Sei que é pouco o que posso fazer, mas peço coragem e sabedoria para ajudá-las a serem felizes, como é a vossa vontade.

Catequista: Vamos juntos louvar o Senhor.

Catequizando 1: Daqueles que se reúnem em comunidade para resolver seus problemas e celebrar a fé...

Todos: Tu és o Senhor.

Catequizando 2: Da união dos humildes e pequenos...

Todos: Tu és o Senhor.

Catequizando 3: Dos que lutam para formar um mundo novo...

Todos: Tu és o Senhor.

Catequizando 1: Dos que acreditam no Deus dos mais necessitados...

Todos: Tu és o Senhor.

Catequizando 2: Dos que trabalham pela justiça e a verdade...

Todos: Tu és o Senhor.

Catequizando 3: Daqueles que não aceitam nenhuma escravidão...

Todos: Tu és o Senhor.

Glória ao Pai, ao Filho e ao Espírito Santo. Como era no princípio, agora e sempre. Amém.

CRESCER NO COMPROMISSO

Você pode ser como Moisés e ajudar a libertar as pessoas das coisas que as escravizam e fazem mal: egoísmo, ganância, inveja, mentira.

Observe a sua realidade e escolha algo que escraviza as pessoas, comprometendo-se a lutar contra esse mal.

✴ Escreva o que você fez durante a semana para cumprir o seu compromisso de lutar contra esse mal, a favor da libertação das pessoas.

9 DEUS NOS PREPARA PARA SERMOS O SEU POVO

As leis são importantes para o desenvolvimento da sociedade. Leis são normas que guiam as ações das pessoas, por isso definem os limites da liberdade de cada cidadão, o que é permitido e o que não é. Muitas leis estão presentes em nosso dia a dia. Os regimentos das escolas, as leis do trânsito, as regras em uma família, o regulamento de um clube e a Constituição do país são alguns exemplos muito visíveis para todos nós. As leis são, de fato, importantes para a boa convivência.

Deus também apresentou leis, que são conhecidas como Dez Mandamentos ou Decálogo. Elas indicam as condições para viver respeitando a nós mesmos e ao próximo. O Decálogo é como um caminho de vida, que nos ajuda a conviver melhor com nossos semelhantes e com Deus.

CRESCER COM A PALAVRA

Os sinais de trânsito representam leis conhecidas no mundo inteiro para a segurança nas estradas e nas cidades.

1. Escreva ou desenhe alguns sinais de trânsito importantes para evitar acidentes e ajudar na boa convivência entre as pessoas.

Sinais de trânsito

Quando saiu do Egito, o povo de Deus caminhou durante três meses, chegou ao Monte Sinai e parou. Moisés se sentia preocupado, pois muita gente estava revoltada por causa das dificuldades e da demora em chegar à Terra Prometida. Moisés subiu ao Monte Sinai para conversar com Deus sobre o povo, que era gente difícil de ser conduzida. Na oração, Moisés descobriu o que Deus queria realmente. Deus queria reconstruir a corrente de amizade que começou com Abraão, Isaac e Jacó, fazendo uma ALIANÇA com todo o povo.

◨ Vamos ler sobre quais são as leis que Deus deu ao seu povo: Ex 20,1-17.

   ◨ Pense nas palavras que você leu.
   - Por que Deus entregou a Lei ao povo no deserto?
   - O que Deus quer de nós hoje?

O povo de Deus que saiu da escravidão do Egito e iniciou sua caminhada para a Terra Prometida, orientado por Moisés, recebeu e obedeceu a essas leis, os mandamentos, para sua segurança e para a defesa da vida de todos. Essas leis de Deus são caminhos para o verdadeiro amor.

2. Seguindo as orientações do catequista, vamos conversar em duplas: Que lugar os mandamentos de Deus ocupam em sua vida? Registre em uma frase o que vocês conversaram.

3. Você tem percebido os mandamentos de Deus presentes em sua própria vida, em seu próprio coração? Complete o gráfico com palavras que demonstram atitudes de quem segue os mandamentos de Deus.

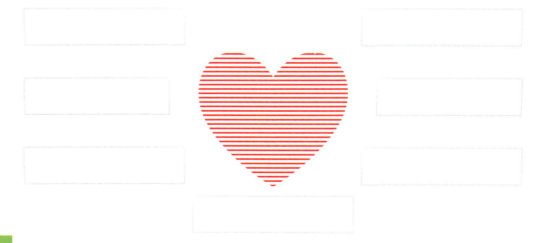

CRESCER NA ORAÇÃO

Deus tudo faz para sermos felizes vivendo como irmãos, por isso estabelece uma aliança de amor conosco: os Dez Mandamentos. Vamos agradecer a Ele o seu amor!

Catequizando 1: Com os Dez Mandamentos, Deus indicou o caminho para seu povo nunca mais voltar a viver na escravidão.

Todos: Queremos ser perseverantes e viver a vossa Lei todos os dias de nossas vidas.

Catequizando 2: Com os Dez Mandamentos, Deus indicou o caminho para seu povo conservar a liberdade que conquistou saindo do Egito, vivendo na fraternidade e na justiça.

Todos: Queremos ser perseverantes e viver a vossa Lei todos os dias de nossas vidas.

Catequista: Moisés apresentou ao povo os mandamentos gravados em duas tábuas de pedra. Essas tábuas foram guardadas numa arca, que se tornou um sinal do compromisso que o povo assumiu com Deus. Fazendo aliança com esse povo, Deus queria fazer aliança com todos nós. A aliança foi esta:

Todos: "Eu serei o vosso Deus e vós sereis o meu povo".

Catequista: Vamos agradecer a Deus o seu grande amor por todas as pessoas:

Catequizando 1: *Obrigado, Deus, nosso Pai, por nos revelar a sua vontade. Nós queremos segui-la sempre.*

Catequizando 2: *Ajude-nos a ser perseverantes. Que possamos viver os mandamentos a cada dia em nossas vidas.*

Catequizando 3: *Sabemos que, sem a sua graça, os mandamentos podem ser esquecidos; mas Jesus é nosso amigo e caminha sempre conosco.*

Catequizando 4: *Jesus nos ensinará como viver os mandamentos de verdade.*

Todos: *Muito obrigado por tudo que aprendemos hoje. Amém!*

CRESCER NO COMPROMISSO

* A partir do que aprendeu sobre os mandamentos neste encontro, o que você pensa fazer nesta semana?

ENTREGA DOS MANDAMENTOS

CELEBRAÇÃO

Antes da celebração na comunidade, convide seus familiares para ler e conversar sobre o texto:

Somos humanos e vivemos em sociedade. Para nosso bom relacionamento são necessárias leis. Em um país democrático, tudo é regido pela Carta Magna do povo. Esta Carta é chamada de Constituição Federal.

Nós, filhos e filhas de Deus, temos como ponto de harmonia e vivência fraterna os mandamentos, que nos ajudam a caminhar como "povo de Deus". Os Dez mandamentos, que foram entregues a Moisés, nos revelam o amor pleno e intenso que Deus tem por todos nós. Tendo o povo passado pela experiência da escravidão no Egito, pela libertação, atravessando o Mar Vermelho e fazendo a dura caminhada pelo deserto, os mandamentos tornam-se a expressão maior da presença de Deus, que o acompanha como um Pai.

Os Dez Mandamentos revelam o amor de Deus por cada pessoa. Se caminharmos sozinhos, correremos o risco de não acertarmos. Isso aconteceu com o povo de Israel que viveu a experiência da escravidão no Egito, e que, ao ouvir a Palavra de Deus, recebeu a oportunidade da libertação: atravessou o Mar Vermelho, suportou a caminhada pelo deserto e tornou-se a expressão da presença do Deus que nunca nos abandona e que rege a caminhada da nossa existência.

Quando falamos em lei, muitas vezes parece algo imposto, negativo, pesado, porém os Dez Mandamentos são expressões do amor, do "amor que dá sentido à vida", que revela a arte de viver a felicidade plena. O segredo da vivência dos mandamentos está na construção do amor pleno entre nós; o mesmo amor que Jesus viveu e vive por nós.

Usemos os mandamentos como vias de acesso à verdadeira paz, partilhemos a fé e cultivemos a fraterna convivência, a tolerância, o respeito ao próximo, como irmão na fé, e assim seremos verdadeiramente filhos e filhas muito amados de Deus.

Para vocês, qual é a importância dos mandamentos, da Lei de Deus, em nossas vidas?

RITOS INICIAIS

Procissão de entrada

ACOLHIDA

Animador: Queridos catequizandos e familiares, hoje estamos felizes porque ao redor da mesa da Palavra e da Eucaristia celebramos a alegria de estarmos no caminho proposto por nosso Deus. Nos Dez Mandamentos, o povo conheceu a vontade de Deus. Por isso, durante muitos séculos, esta Lei esteve acima de profetas e reis do povo de Israel. Estes mandamentos continuam válidos, e sempre o serão, pois descrevem como deve ser a vida do cristão. Nesse sentido, é importante que os mandamentos sejam conhecidos e guardados no coração dos catequizandos como caminho de vida.

Segue a liturgia do dia até as Preces da Assembleia.

PRECES DA ASSEMBLEIA

Confiantes no infinito amor misericordioso que Deus tem por cada um de nós, elevemos nossas preces e digamos juntos:

Todos: Senhor, escutai a nossa prece.

PELA IGREJA DE DEUS NO MUNDO, o papa, os bispos, o clero, religiosos, religiosas, que receberam do Senhor a missão de anunciá-lo a todos os povos, para que cumpram sempre fielmente a missão e não percam a coragem de testemunhar Cristo e vivenciar os mandamentos da Lei de Deus, diante das dificuldades do mundo, rezemos ao Senhor.

POR TODOS OS CRISTÃOS LEIGOS E LEIGAS que dedicam suas vidas aos trabalhos pastorais, para que, pela vivência dos mandamentos da Lei de Deus, estejam mais próximos daqueles que mais necessitam, rezemos ao Senhor.

PELOS CATEQUISTAS que, pela vivência do Batismo, testemunham com obras e palavras a missão de Jesus Cristo e os mandamentos da Lei de Deus, para que sejam fortalecidos na fé e assim possam colaborar no processo de Iniciação à Vida Cristã, rezemos ao Senhor.

PELAS FAMÍLIAS, que são um espaço rico e fecundo celeiro da fé, para que, através do empenho dos pais, as crianças e os jovens testemunhem os caminhos que Deus aponta com seus mandamentos e encontrem o verdadeiro Cristo, rezemos ao Senhor.

PELOS CATEQUIZANDOS, para que descubram em seus corações que os mandamentos da Lei de Deus são caminhos de vida e liberdade, nos fazem seguir pelo bom caminho e fazem com que Deus conduza nossa vida, rezemos ao Senhor.

Segue a celebração normalmente.

ENTREGA DOS MANDAMENTOS

Catequista: Aproximem-se os que irão receber a Lei de Deus, os Dez Mandamentos.

Canto

Catequista: A Lei de Deus orientou o povo escolhido em sua caminhada para a libertação, vivendo a fidelidade a Deus e a fraternidade. Para nós, os mandamentos são indicações que devemos seguir para andar nos caminhos de Deus.

Presidente: Caros catequizandos, vocês são chamados a ouvir a comunidade proferir os dez mandamentos da Lei de Deus.

1º AMAR A DEUS SOBRE TODAS AS COISAS.

2º NÃO TOMAR SEU SANTO NOME EM VÃO.

3º GUARDAR DOMINGOS E FESTAS DE GUARDA.

4º HONRAR PAI E MÃE.

5º NÃO MATAR.

6º NÃO PECAR CONTRA A CASTIDADE.

7º NÃO ROUBAR.

8º NÃO LEVANTAR FALSO TESTEMUNHO.

9º NÃO DESEJAR A MULHER DO PRÓXIMO.

10º NÃO COBIÇAR AS COISAS ALHEIAS.

Presidente: Deus nos ama sem limites e nos pede para termos esse mesmo amor por nossos irmãos. Recebam da Igreja a Lei de Deus; que ela oriente seus passos.

Canto

RITOS FINAIS

BLOCO 3

DEUS ORIENTA SEU POVO

10 Os mandamentos nos aproximam de Deus

11 Os mandamentos nos aproximam dos irmãos

12 Façam também vocês como eu

13 A vivência da Lei de Deus fortalece a comunidade

14 Encontro celebrativo: O novo mandamento do amor

10 OS MANDAMENTOS NOS APROXIMAM DE DEUS

Os Dez Mandamentos reúnem a Lei dada por Deus ao povo de Israel durante a aliança feita por meio de Moisés. Eles indicam as condições de uma vida liberta da escravidão do pecado. Se cumprirmos os mandamentos, não cometeremos pecado. Por isso o Decálogo é apresentado como um caminho de vida: "Se amares teu Deus, se andares em seus caminhos, se observares seus mandamentos, suas leis e seus costumes, viverás e te multiplicarás" (Dt 30,16).

CRESCER COM A PALAVRA

Os Dez Mandamentos apresentam as exigências do amor a Deus e ao próximo. Os três primeiros mandamentos definem como deve ser o relacionamento do povo com Deus.

- Vamos ler o que a Bíblia nos diz sobre o relacionamento com Deus: Dt 5,1-15.
  - Como tenho estabelecido a relação de amor a Deus em minha vida?
  - Minhas orações estão de acordo com as minhas atitudes, com o meu jeito de viver?
  - O que preciso fazer para ser um cristão melhor, usando o que aprendi na minha comunidade, na catequese?
  - Como posso colocar em prática o que acredito?

1. Escreva uma frase que resuma o texto bíblico lido.

Os mandamentos da Lei de Deus são caminhos para a nossa felicidade. Nosso amigo Jesus já nos ajudou a compreender como eles surgiram e como são importantes.

2. Vamos ligar os pontos de acordo com o significado de cada mandamento?

AMAR A DEUS SOBRE TODAS AS COISAS.

Não usar o nome de Deus em qualquer frase, de qualquer jeito, evitando usá-lo como testemunha de mentiras ou ao fazer juramentos que não se pretende cumprir.

NÃO INVOCAR O SANTO NOME DE DEUS EM VÃO.

Ir todo domingo à missa. Rezar com respeito a Deus e dedicar tempo para celebrar os dias mais sagrados.

GUARDAR DOMINGOS E FESTAS DE GUARDA.

Deixar em segundo lugar todas as outras coisas menos importantes que Deus. Acreditar sempre em Deus, ter fé, esperança e caridade.

CRESCER NA ORAÇÃO

Rezemos juntos pedindo perdão pelas vezes que não seguimos os mandamentos e pedindo sua ajuda para vivê-los em nosso dia a dia.

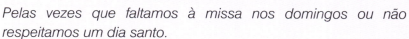

Perdão, Senhor,
Pelas vezes que não conseguimos viver os mandamentos.
Pelas vezes que não colocamos Deus em primeiro lugar em tudo o que fazemos.

Pelas vezes que não respeitamos o santo nome de Deus.

Pelas vezes que faltamos à missa nos domingos ou não respeitamos um dia santo.

Catequista: Deus, Senhor da Vida, ajude-nos a ter sempre atitudes em favor de nossos irmãos.

Catequizando 1: Ajude-nos a transformar a nossa fé em ações concretas de amor vivendo os mandamentos que nos deixou.

Catequizando 2: Ajude-nos a expressar e viver nosso amor pelo Senhor, assim como o amor que sentimos por nossos semelhantes.

Todos: Que a certeza do amor de Deus faça-nos mostrar ao mundo esse amor com nossas atitudes.

CRESCER NO COMPROMISSO

Com seus familiares, escolham um ou mais propósitos para se comprometerem a praticar. É importante que ajudem uns aos outros no cumprimento do propósito escolhido. Aqui estão algumas sugestões:

- Ajudar os pais e as pessoas.
- Ir à missa todo domingo.
- Rezar com respeito a Deus e dedicar tempo para celebrar os dias mais sagrados.
- Deixar em segundo lugar todas as outras coisas menos importantes que Deus. Acreditar sempre em Deus.
- Não promover brincadeiras perigosas.
- Respeitar a natureza.
- Não mentir nem jurar falso.
- Não falar palavrões.
- Falar sempre bem de Deus.

★ Registre a sua escolha.

OS MANDAMENTOS NOS APROXIMAM DOS IRMÃOS

11

Os mandamentos orientam a maneira certa e segura de como devemos viver, indicando o caminho da felicidade nesta vida e na vida eterna. Por isso dizemos que os Dez Mandamentos são um presente de Deus, já que este é o instrumento com o qual Ele manifesta ao ser humano o que é bom e o que é mal, o que é verdadeiro e o que é falso, o que lhe agrada e o que lhe desagrada.

CRESCER COM A PALAVRA

Deus orienta para vivermos bem com todos, com respeito e em paz. Na Lei de Deus encontramos sete mandamentos que orientam a nossa relação com os outros, para um mundo justo e fraterno.

- Vamos ler o que a Bíblia nos diz sobre os mandamentos que orientam a nossa relação com o próximo: Dt 5,16-22.

1. Escolha e escreva um versículo que deseja lembrar durante a sua vida.

Quando temos em nossas vidas atitudes que correspondem ao que os mandamentos nos propõem, estamos no caminho do bem e estamos fazendo a vontade de Deus.

Os mandamentos são o caminho, como uma estrada bem sinalizada que indica o modo de agir retamente e alerta para os perigos existentes. Podemos reconhecer que os mandamentos da Lei de Deus, portanto, são uma prova do amor e da misericórdia de Deus, que nos amou primeiro.

2. Observe as ilustrações e relacione cada uma com a placa do mandamento correspondente.

CRESCER NA ORAÇÃO

Catequista: Vamos rezar alguns versículos do Salmo 119(118) como agradecimento a Deus, que nos deu os Dez Mandamentos.

Todos:

Em teus preceitos quero meditar e ficar atento às tuas veredas (Sl 119[118],15).

Encontro minhas delícias em teus decretos; não me esqueço de tua palavra (Sl 119[118],16).

Abre meus olhos para que eu veja as maravilhas que resultam de tua lei! (Sl 119[118],18).

Corro pelo caminho de teus mandamentos, pois abres o meu entendimento (Sl 119[118],32).

Senhor, indica-me o caminho de teus decretos, e eu os guardarei com proveito (Sl 119[118],33).

Dá-me entendimento, para que eu observe tua lei e a guarde de todo o coração (Sl 119[118],34).

CRESCER NO COMPROMISSO

Partilhe com seus familiares tudo o que aprendeu no encontro de hoje, sobre os mandamentos que nos aproximam dos irmãos.

✳ Depois escolha uma atitude que precisa realizar para colocar esses mandamentos em prática na sua vida.

12 FAÇAM TAMBÉM VOCÊS COMO EU

Os mandamentos de Deus são leis que devem ser seguidas por todos. Quando eles são respeitados, as pessoas são felizes; mas quando são deixados de lado, acontecem a dor e o sofrimento. No tempo de Jesus, muitas pessoas deixaram a Lei de Deus de lado por opção ou porque não a entendiam corretamente. Por isso elas acabaram gerando situações de pecado, exclusão, violência e sofrimento ao próximo.

Jesus, observando o modo como as pessoas estavam vivendo, percebeu que já não conseguiam mais compreender o verdadeiro sentido dos mandamentos de Deus. Diante dessa situação, Ele começou a ensinar como viver os mandamentos, apresentando em seus discursos a misericórdia, o acolhimento, o respeito, a inclusão, que são a proposta de Deus.

CRESCER COM A PALAVRA

Jesus Cristo foi fiel à Lei de Deus manifestada nos Dez Mandamentos. Ele reconheceu que ela nasceu do coração de seu Pai e que estava presente, ao mesmo tempo, no coração de cada pessoa. Por isso Ele disse: "Eu não vim abolir a Lei, mas levá-la ao cumprimento" (Mt 5,17).

Freepik

■ Vamos ler juntos o texto: Mt 5,17-19.

■ Releia em silêncio o texto bíblico. Depois converse com seu catequista e grupo. Após a conversa, pense:

- Quais são suas atitudes diante das pessoas?
- Jesus cumpre a Lei de Deus. Como nós também podemos cumprir?

Para Jesus, o amor era o que de mais importante existia na Lei.

1. Procure no Evangelho de Mateus 22,37-40 como Jesus resumiu os Dez Mandamentos em dois grandes mandamentos. Depois escreva-os no espaço.

1)

2)

O amor que Jesus propõe é inovador para a sua época, pois convida a amar os inimigos, perdoar sempre, curar os doentes, ensinar os que sabem menos que nós, servir as pessoas, ajudar os mais empobrecidos.

Amar é tratar bem as pessoas, mesmo que não gostemos delas, ajudá-las dando-lhes comida, atenção ou o que precisarem.

Deus ama a todos indistintamente, por isso devemos também amar a todos, sem exceção.

Somente Deus pode julgar as pessoas. Assim, se elas fizeram isto ou aquilo por maldade ou ignorância, somente Deus conhece bem cada uma delas para julgá-las. Nunca devemos desprezar ninguém. Jesus amava a todos, e mandou que também nós amássemos a todos, expressando esse amor por meio do acolhimento, do respeito, da misericórdia, da caridade e de tantas outras boas atitudes que podemos praticar.

Enfim, o modo de viver de Jesus mostrou como deve ser o amor. Amar é colocar os nossos dons, a nossa vida, a serviço do bem do próximo a cada dia, para que ele tenha sempre mais vida e seja mais feliz.

2. Observe as situações e escreva quais ações podem trazer mais vida para as pessoas:

João vive nas ruas e sempre se alimenta do que as pessoas lhe oferecem.

Débora está triste, pois sua colega Larissa brigou com ela na escola.

A mãe de Talita sempre pede que ela arrume seu quarto, mas Talita sempre esquece.

Crie uma situação.

CRESCER NA ORAÇÃO

Deus, Senhor da Vida, o mundo exige muito de nós. Às vezes nos deixamos levar pelo nosso modo de ver as coisas, priorizando somente as nossas atividades e preocupações.

Catequizando 1: Deus Pai, ensina-me a ouvir a tua Palavra gravada em meu coração e a viver segundo ela. Obrigado por mostrar que o amor deve ser a razão das minhas atitudes no dia a dia.

Vamos rezar parte do Salmo 19(18), sobre a Lei de Deus que dá segurança ao ser humano.

Catequizando 2: A Lei do Senhor é perfeita, um conforto para a alma; o testemunho do Senhor é verdadeiro, torna sábios os pequenos.

Todos: A Lei do Senhor é perfeita.

Catequizando 3: As ordens do Senhor são justas, alegram o coração; os mandamentos do Senhor são retos, iluminam os olhos.

Todos: A Lei do Senhor é perfeita.

Catequizando 4: Também teu servo neles se instrui, para quem os observa é grande o proveito.

Todos: A Lei do Senhor é perfeita.

CRESCER NO COMPROMISSO

✳ Converse com seus familiares sobre o que aprendeu e convide-os a assumir com você uma ação que podem realizar concretamente, para viverem o amor a Deus e ao próximo em sua comunidade.

13 A VIVÊNCIA DA LEI DE DEUS FORTALECE A COMUNIDADE

A Lei de Deus forma uma comunidade feliz. Mas para isso é preciso compreender que os mandamentos não são somente para algumas pessoas. Todos precisam respeitá-los para que possam viver bem, pois servem para ajudar no relacionamento do povo de Deus.

CRESCER NA PALAVRA DE DEUS

O povo de Deus, após caminhar muitos anos pelo deserto, chegou à terra que tanto esperava. Essas pessoas traziam no coração a Lei de Deus que receberam de Moisés. Organizaram-se em doze tribos e escolheram doze líderes, que se chamavam "juízes". Cada líder governava um povo, e todos se reuniam às vezes para discutir e tomar decisões em conjunto.

O tempo dos juízes foi uma iniciativa que merece respeito, mas que acabou porque muito facilmente o povo não soube se manter fiel à Lei de Deus. Sem essa fidelidade, o povo fez alianças com outros povos e cedeu a tentações de promessas de riquezas e facilidades, sem pensar nas consequências para a vida das pessoas ou no quanto essa conduta o afastaria da vida desejada por Deus. Mesmo sob o cuidado de grandes líderes como os juízes Sansão, Débora e Gedeão, faltou ao povo uma liderança que lhe garantisse a unidade. Foi a partir dessa experiência que o povo passou a desejar uma nação forte, na qual houvesse um salvador, uma pessoa que lhe desse a razão para viver unido e fiel a Deus.

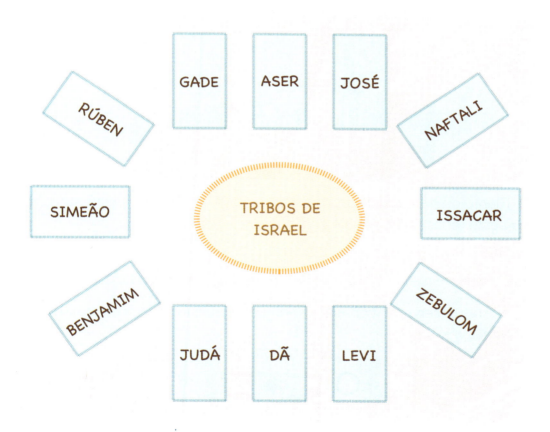

Assim, para esse povo Jesus Cristo era o Salvador, o Messias esperado que apresentaria um modelo de vida no qual todos se colocam a serviço uns dos outros, acompanhados pela Lei do Amor que ilumina uma comunidade. Cristo é aquele que deu a vida para ensinar o verdadeiro sentido do amor. Ele ensinou que doar a vida a cada dia, sendo capaz de servir ao próximo, é o caminho mais seguro para se construir uma comunidade de fé, feliz e próspera.

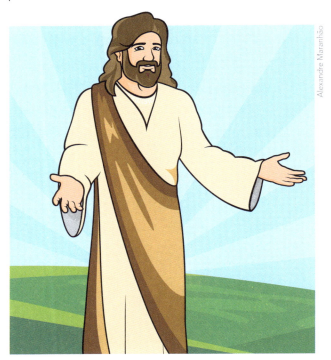

Diante desses acontecimentos se reconhece que Deus está sempre presente: conduziu o povo e continua a nos conduzir hoje.

- Leia com seu grupo: Rm 13,8-10.

  - Somente o amor é capaz de unir as pessoas de forma saudável.

1. Agora, observe as cenas da tirinha que mostram como a família de Pedro vive sua fé.

a. Inspirado nas cenas da tirinha, reflita: Que atitudes preciso e posso realizar para que as pessoas sejam mais felizes? Responda produzindo sua própria tirinha.

Viver a fé, além de cultivar a prática da oração, envolve ajudar as pessoas a viverem mais felizes em sua cidade, em sua família e em sua comunidade-Igreja.

b. Registre o que você aprendeu com a dinâmica que o catequista orientou.

A Lei de Deus orienta a comunidade a ser feliz. Para isso, é preciso que todos respeitem os mandamentos, seguindo-os para que possam viver bem.

CRESCER NA ORAÇÃO

Vamos rezar pedindo a Deus que sempre sejamos uma comunidade unida.

Todos: Nosso bom Pai, seu Filho e nosso Senhor Jesus Cristo amou infinitamente e foi capaz de dar a vida por nós. Obrigado por tão grande graça. Ajude-nos a fazer dos seus ensinamentos uma forma de viver e amar concretamente nossos semelhantes. Amém!

Catequista: Diante da Bíblia, que é a Palavra de Deus, e da vela acesa, que simboliza a esperança, rezemos pelo povo brasileiro: sem moradia, sem saúde, sem educação, sem trabalho... Para que Deus inspire líderes que ajudem as pessoas a reconstruírem sua dignidade humana, de filhas de Deus, rezemos:

Todos: Pai nosso...

CRESCER NO COMPROMISSO

Nós podemos ajudar as pessoas com as quais convivemos a serem mais felizes.

* Durante os próximos dias, vamos procurar identificar como podemos ajudar e o que precisa ser melhorado em nossa família e escola. Anote dificuldades, necessidades e pontos positivos, procurando colocar em prática algumas atitudes que você identificou como necessárias para que as pessoas sejam mais felizes e unidas.

* Registre essas atitudes como um compromisso a ser praticado por você.

ENCONTRO CELEBRATIVO
O NOVO MANDAMENTO DO AMOR

14

ACOLHIDA

Catequista: Queridos catequizandos, que alegria mais uma vez celebrarmos o imenso amor de Deus por nós! Unidos na certeza desse amor, de coração agradecido, iniciemos: Em nome do Pai e do Filho e do Espírito Santo.

Todos: Amém.

Catequista: Nos últimos encontros da catequese falamos sobre os Dez Mandamentos, a Lei de Deus, que orientaram o povo escolhido em sua caminhada para a libertação, vivendo a fidelidade a Deus e a fraternidade. O que mais nos chama atenção nesta Lei?

Canto

Catequista: Os mandamentos da Lei de Deus são um facho de luz para o povo. Moisés recebeu de Deus os Dez Mandamentos para serem uma luz acesa diante do povo. Eram como placas que indicavam os caminhos a seguir.

ATO PENITENCIAL

Catequista: Para nós, os mandamentos também são como pistas que devemos seguir para andar nos caminhos de Deus. Só que, assim como o povo no deserto, nós deixamos de lado essas pistas. Vamos dizer a Deus que reconhecemos que muitas vezes nos afastamos d'Ele, mas que queremos nos esforçar para sermos fiéis à sua Lei.

Todos: Senhor, nosso Deus, porque tu amas os seres humanos, entregaste a tua Lei para que nunca mais se repetissem os males da escravidão no Egito. Nós sabemos que nem sempre somos fiéis à tua proposta de vida e, por isso, pedimos a tua misericórdia. Queremos responder ao teu amor com nosso esforço para viver segundo a tua vontade, porque este é o caminho para sermos felizes. Amém.

PROCLAMAÇÃO DA PALAVRA

Catequista: Só é possível amar porque somos amados por Deus Amor. Vamos ouvir com atenção o Evangelho no qual Jesus nos apresenta uma grande novidade.

Canto

Leitor: Proclamação do Evangelho de Jesus Cristo segundo Mateus 22,34-40.

Leitor: Palavra da Salvação.

Todos: Glória a vós, Senhor.

Catequista: Rezemos, reconhecendo o amor de Deus por nós.

Catequizando 1: Celebremos o Senhor, nosso Deus, porque Ele é bom e seu amor é para sempre.

Catequizando 2: Todos nós, que em Deus confiamos, afirmemos com alegria: seu amor é para sempre.

Catequizando 3: É abençoado quem vem em nome do Senhor, nosso Deus, que nos ilumina com seu amor sem fim.

Catequizando 4: Celebremos o Senhor, nosso Deus, porque Ele é bom e seu amor é para sempre.

REFLEXÃO SOBRE A PALAVRA

Catequista: Jesus conhecia todas as palavras do Antigo Testamento. Conhecia o Êxodo, a história do povo escravo e liberto por Deus. Conhecia todas as orações do povo. Conhecia a situação de opressão e de falta de liberdade em que a comunidade se encontrava. À pergunta que lhe fizeram: "Qual é o maior mandamento da Lei?", Ele respondeu:

Todos: "Amarás o Senhor, teu Deus, com todo o teu coração, com toda a tua alma e com toda a mente. Este é o maior mandamento. O segundo é: Amarás o próximo como a ti mesmo. Destes dois mandamentos dependem toda a Lei e os Profetas" (Mt 22,36-40).

Catequista: Jesus resumiu todo o Antigo Testamento em dois mandamentos: AMAR A DEUS E AO PRÓXIMO.

Todos: É o novo mandamento do Amor: a Deus e ao próximo.

Catequista: Jesus nos orienta a viver o amor em sua plenitude em relação a Deus, ao próximo, a nós mesmos e à criação.

Todos: É o novo mandamento do Amor: amar a Deus e ao próximo.

Catequista: Jesus nos diz que o amor a Deus não existe sozinho, mas somente se realiza no amor ao próximo.

Todos: É o novo mandamento do Amor: amar a Deus e ao próximo.

Catequista: Deus nos ama sem limites, e Jesus nos pede para termos esse mesmo amor por nossos irmãos.

Todos: Tudo podemos mudar se colocarmos o amor de Deus em nosso coração e nos deixarmos guiar por ele.

Catequista: Não basta decorar os Dez Mandamentos, é necessário algo a mais para ser um bom seguidor de Jesus. É preciso colocá-los em prática, assim como Jesus ensina: amar a Deus acima de todas as coisas e ao próximo como a si mesmo.

ORAÇÃO

Catequista: Queridos catequizandos, em nosso coração devemos ter sempre um "obrigado" para dizer a Jesus, porque Ele nos ensina como podemos viver no amor. Vamos agradecer!

Todos:

Senhor Jesus, tu nos ensinaste que devemos amar a todas as pessoas, sem excluir ninguém. Nós te pedimos, Jesus, um coração manso e humilde como o teu, capaz de amar a todos, e sempre amar primeiro. E nós agradecemos porque nos mostraste o dom do amor de Deus por nós e o quanto somos preciosos para o Pai, que faz nascer o sol sobre os maus e os bons e cair as chuvas sobre os justos e os injustos. Obrigado, Jesus!

Canto

BLOCO **4**

DEUS NÃO ABANDONA SEU POVO

15 Davi, escolhido para uma grande missão

16 O povo se distancia da lei de Deus

17 Profetas, vozes da justiça

18 Profetas, vozes da esperança

19 Maria, a mãe do Salvador

20 Encontro celebrativo: Profetas, mensageiros de Deus

15 DAVI, ESCOLHIDO PARA UMA GRANDE MISSÃO

O povo de Deus teve o desejo de se tornar uma grande nação, por isso, como os reinos vizinhos, quis também um rei para governá-lo. Nesta época, para ser rei, era necessário ser escolhido por Deus e aclamado pelo povo. Um desses reis foi Davi.

Davi foi amado por Deus desde criança, e foi escolhido para uma missão única, ocupando um papel central na história do povo de Deus e em nossa própria fé. Nos Evangelhos, Jesus é chamado várias vezes de "filho de Davi". Isso porque José, pai de Jesus, era descendente do rei Davi, o que dava a Jesus o reconhecimento de ser também seu descendente, o herdeiro da promessa que Deus fez a Davi.

Você já ouviu histórias com reis e rainhas como personagens. Hoje muitos países são governados por reis e rainhas. Depois do tempo dos juízes, o povo de Deus quis ser conduzido por um rei. No começo as coisas correram bem, mas o primeiro rei, Saul, logo se deixou dominar pela ambição e inveja. Para substituí-lo, Deus escolheu Davi.

CRESCER COM A PALAVRA

A história de Davi começa nas colinas ao redor de Belém, onde pastava o rebanho de seu pai, Jessé. Ele ainda era um menino, o último de muitos irmãos, quando trabalhava ao ar livre cuidando do rebanho. Certa vez lutou contra um leão que ameaçava o rebanho. Em outra ocasião, matou um urso. Era mesmo corajoso. Nas horas de descanso, Davi gostava de fazer poesias e canções que tocava na cítara, um instrumento musical da época. Brincava também com um estilingue.

Davi era um pastor, um homem que cuidava de animais, que os defendia diante dos perigos, que lhes garantia o sustento. Quando, a pedido de Deus, Davi teria que se preocupar com as pessoas, ele não faria ações muito diferentes dessas. Essa é a imagem de pastor que a Bíblia nos ensina, por isso Jesus também se define como "o bom pastor", e seu comportamento é de quem oferece sua vida em favor das ovelhas, guia-as e conhece o nome de cada uma delas (cf. Jo 10,11-18).

Conta a Bíblia que o pai mandou Davi levar alimentos para os irmãos que estavam ao lado do rei Saul, lutando contra os filisteus. Lá chegando, Davi viu um gigante filisteu, Golias, no alto de um morro gritando e desafiando os israelitas para a luta. Ninguém tinha coragem de enfrentá-lo. O rei Saul e todos os soldados tremiam de medo e não sabiam como derrotá-lo.

- Ouça o que aconteceu, acompanhando em sua Bíblia, a leitura: 1Sm 17,38-51.

1. Qual foi a promessa que Deus fez para Davi?

2. Por que Davi tornou-se um grande rei?

_____

_____

_____

_____

_____

Depois da morte do rei Saul, Deus elevou Davi ao trono, tornando-o rei de Israel. Seu reinado marcou a história do povo de Deus. Davi foi um líder especial: libertou Israel dos filisteus, reuniu ao seu redor todas as tribos e tornou-se o seu comandante e rei. O nome de Davi será sempre lembrado por Jesus ter nascido de sua família.

CRESCER NA ORAÇÃO

Vamos rezar.

Catequista: Davi mostrou onde se encontram a força e a coragem daqueles que se consideram pequenos e fracos. Por isso ele dizia:

Todos: Deus está comigo! Ele é minha força e proteção!

Catequizando 1: Quando estiver sentindo medo, direi:

Todos: Deus está comigo! Ele é minha força e proteção!

Catequizando 2: Nas horas em que a dor e as dificuldades baterem à porta de nossa casa, diremos confiantes:

Todos: Deus está comigo! Ele é minha força e proteção!

Catequizando 3: Se tiver dificuldade em perdoar pessoas que me ofenderam, pedirei a ajuda de Deus dizendo:

Todos: Deus está comigo! Ele é minha força e proteção!

Catequista: Junto com Davi, em silêncio, coloquemos toda a nossa confiança em Deus, nosso Pai, que é nossa força e proteção. Como Davi era um homem muito religioso, compôs vários salmos dedicados ao Senhor. Eles eram cantados nas celebrações. Um deles é o Salmo 23(22), do Bom Pastor. Vamos rezá-lo.

Lado 1: *Em verdes pastagens o Senhor me faz repousar.*
Todos: *O Senhor é meu pastor. Nada me falta.*
Lado 2: *Para fontes de águas tranquilas o Senhor me conduz, e restaura minhas forças.*
Todos: *O Senhor é meu pastor. Nada me falta.*
Lado 1: *Ele me guia por bons caminhos, por causa do seu nome.*
Todos: *O Senhor é meu pastor. Nada me falta.*
Lado 2: *Nenhum mal temerei, pois junto a mim o Senhor está.*
Todos: *O Senhor é meu pastor. Nada me falta.*
Lado 1: *Felicidade e amor me acompanham todos os dias de minha vida.*
Todos: *O Senhor é meu pastor. Nada me falta.*
Lado 2: *Minha morada é a casa do Senhor, para sempre.*
Todos: *Amém.*

CRESCER NO COMPROMISSO

Davi dizia às pessoas que, diante das dificuldades da vida, Deus está sempre conosco, pois Ele é força e proteção.

✶ Após conhecer um pouco da vida de Davi, qual compromisso de cuidado e proteção você pode assumir?

16 — O POVO SE DISTANCIA DA LEI DE DEUS

Os profetas eram considerados mensageiros celestes, pessoas enviadas por Deus, e dirigiam-se aos reis e ao povo em tempos de crise. Exigiam que as pessoas repensassem o que estavam fazendo, e principalmente que cumprissem a aliança e atendessem ao projeto de Deus.

CRESCER COM A PALAVRA

Por causa de suas manifestações contra os poderosos, os profetas foram perseguidos. Mas nada os fazia se calar ou desistir de sua missão.

- Vamos acompanhar como o profeta Jeremias orienta as pessoas e faz críticas ao modo como o rei conduzia seu povo, lendo: Jr 22,13-19.
    - Releia o texto e, em silêncio, pense:
        - Como posso ser um profeta no meio em que vivo?
        - O que Deus me pede para fazer?

1. Escreva uma frase que o profeta Jeremias diz para as pessoas que cometem injustiças.

2. Participe da atividade que o catequista irá propor para refletir sobre as palavras pronunciadas pelo profeta Jeremias, que denunciava a opressão aos pobres e a injustiça. Depois faça uma nuvem de palavras para representar o que você aprendeu com esta atividade.

3. Existem muitas dificuldades que afetam a vida do povo. Umas delas é quando chove demais em algumas regiões. Observe a ilustração e descreva o que sabe sobre o que acontece nos lugares onde chove demais.

Isso tudo é muito triste, pois as pessoas perdem suas vidas, seus bens e os recursos de sua sobrevivência. Algumas dessas situações estão relacionadas a muitos fatores, como a falta de cuidado do ser humano com o meio ambiente. Mas há pessoas que sabem perceber a presença de Deus e dizem: "Isto é sinal de Deus para nós! Precisamos fazer algumas mudanças".

Com o povo de Deus também acontecia algo semelhante. Diante das situações difíceis, Ele fazia surgir gente para mostrar o caminho que levava o povo a resolver as situações e a entender como deveria ser uma vida com Deus. Eram os profetas, pessoas que falavam em nome de Deus e denunciavam o que precisava ser mudado, convidando as pessoas a assumirem atitudes de transformação, a mudarem suas vidas. O objetivo era ajudar o povo a seguir o caminho de felicidade que Deus lhe oferecia.

CRESCER NA ORAÇÃO

Rezemos juntos.

Catequista: Senhor Deus, nossa vida segue adiante como um caminho que percorremos com a ajuda dos profetas.

Todos: Os profetas falam sempre em nome de Deus!

Catequista: Senhor nosso Deus, nós queremos agradecer porque, por amor, enviaste profetas que nos trouxeram a tua vontade.

Todos: Os profetas falam sempre em nome de Deus!

Catequizando 1: Os profetas encorajam as pessoas e reafirmam que Deus não quer escravos. Sejamos também pessoas que falam de esperança, assumindo plenamente a missão de profetizar.

Todos: Dá-nos a coragem para levar esperança aos que estão em dificuldade, em especial às pessoas de nossa família.

Catequizando 2: Os profetas denunciam as injustiças e transmitem ao povo a mensagem de Deus, que é justo e não aceita injustiças.

Todos: Senhor, que tenhamos coragem para colaborar com vosso plano e ajudar a fazer crescer a vossa justiça.

Catequizando 3: Diante de tantas situações de injustiça, Deus diz às pessoas de hoje: não se afastem de mim para que possam viver.

Catequista: Peçamos perdão por nossas atitudes que não colaboram com o plano de amor de Deus.

Todos: Deus de misericórdia, perdoai nossas atitudes que fazem crescer a injustiça.

Catequista: Somos chamados a nos tornar profetas do nosso tempo. Para que o Senhor nos dê força na caminhada e perseverança na vocação, rezemos juntos:

Todos: Pai nosso...

CRESCER NO COMPROMISSO

Muitas são as situações criadas pelo ser humano que descontentam nosso Deus, como o uso de drogas que gera violência e destrói a paz nas famílias, assaltos, acidentes de carro provocados pelo consumo de bebida alcoólica, o descarte descuidado de lixo, o ato de incendiar as matas e tantas outras situações que sabemos e estão acontecendo em nossa cidade, em nosso bairro.

✴ Vamos ser profetas dos "tempos de hoje" fazendo um cartaz para denunciar alguma dessas situações e convidar as pessoas à mudança. Depois vamos colocá-lo num lugar onde possa ser visto pelas pessoas. Vamos lá! Profeta é alguém de muita coragem!

17 PROFETAS, VOZES DA JUSTIÇA

Os profetas denunciaram as injustiças e anunciaram o amor de Deus por seu povo. Hoje vamos falar do profeta Amós, que viveu em uma época de grande fartura, de grande prosperidade. Fazia uma crítica bastante radical ao seu tempo, sendo um dos grandes profetas da justiça.

Amós era um homem simples, agricultor e pastor. Ele viu que os israelitas, libertos por Deus da escravidão do Egito, tornavam-se novamente escravos, mas desta vez pelos próprios israelitas. Em sua simplicidade, Amós sentiu que aquilo era contrário à vontade de Deus, por isso Ele convidava o povo a voltar à unidade e a viver como irmãos.

CRESCER COM A PALAVRA

Profeta é aquele que fala em nome de Deus, a partir das coisas que estão acontecendo.

- Vamos conhecer o que Amós disse ao povo na leitura do texto: Am 5,4-15.
  - Releia cada versículo e depois pense: O que Deus pede a Amós? O que Ele pede a nós hoje?

1. Escreva uma frase ou uma palavra que represente algo importante que o texto lhe despertou.

Muitas vezes o ser humano se distancia de Deus e diz "não" à vida, mas Deus sempre está de braços abertos esperando nossa mudança de atitude.

2. Observe os cartazes que o catequista irá mostrar representando a vida na cidade e no campo. Observe e converse com seu grupo:

   a. O que é semelhante?

   b. O que é diferente?

   c. Por que há essas diferenças e semelhanças?

No campo se produz o alimento. O lavrador enfrenta sol e chuva, de modo que algumas vezes a produção se perde devido ao clima, seja por muita chuva, seja por seca; em outras vezes, a produção é boa, mas o lavrador pode não conseguir vender seus produtos por um valor suficiente para pagar aquilo que gastou em seu trabalho – nessas ocasiões, o que recebe pode não lhe permitir realizar o replantio ou manter sua sobrevivência.

Ao chegar à cidade, aos mercados, os alimentos são vendidos às vezes a preços muito altos, o que leva muitas pessoas a não conseguirem consumi-los. Isso ocorre porque o dinheiro que as pessoas recebem ao final de um mês de trabalho mal dá para atender às necessidades e pagar, ao mesmo tempo, os custos de vida, como aluguel, água e luz. Olhando para os dois lados: quanta dor, quanta injustiça.

Será que Deus quer isso?

3. Descreva as situações de injustiça que você percebe no local onde vive.

No meio do povo, os profetas transmitiam a mensagem de Deus. Eram como microfones nas mãos d'Ele.

Amós é o grande profeta da denúncia da injustiça social.

Os anos de reinado de Jeroboão II, rei do Reino do Norte de Israel, foram de prosperidade, mas também de grande injustiça social. As propriedades, terras e riqueza começaram a ser concentradas nas mãos de poucos. Para o profeta, o maior problema de Israel era a exploração dos pobres.

Apesar de explorar os pobres, todos ofereciam sacrifícios a Deus, pagavam o dízimo e celebravam as festas religiosas. Acreditavam que fazer isso era suficiente para agradar a Deus. Porém Ele não quer sacrifícios de animais, e sim a prática do direito e da justiça a todos os seus filhos (Am 5,21-24).

Diante dessas situações, Amós não anunciava apenas o castigo e suas causas. Ele apresentava um caminho de salvação: a busca de Deus – "Procurai-me e vivereis" (Am 5,4). Ele alertava que Deus não deve ser procurado somente nos santuários, mas na prática da justiça (Am 5,14-15).

4. Converse com seu grupo e catequista: Quais atitudes hoje seriam anunciadas por um profeta?

CRESCER NA ORAÇÃO

Vamos colocar em oração tudo o que vivemos e aprendemos neste encontro.

Catequista: Voltemos o coração para Deus e digamos:

Todos: Perdoa toda culpa! Aceita o que é bom!

Catequista: Às vezes somos vingativos e rancorosos com as pessoas. Por isso digamos:

Todos: Perdoa toda culpa! Aceita o que é bom!

Catequista: Vamos rezar juntos algumas partes do Salmo 100.

Catequizando 1: Quero mostrar neste canto como viver a justiça e o amor. É diante de ti que eu falo, Senhor: "Procurarei sempre o melhor caminho, certo de encontrar a verdade".

Catequizando 2: "Na minha vida particular, serei íntegro e leal".

Catequizando 3: "Não me ocuparei com planos perversos. Odeio fazer o mal, isso não é comigo!".

Todos: Longe de mim a falsidade, e a maldade não quero nem conhecer.

Catequizando 1: "Esta é a minha decisão, a ser renovada todos os dias: reduzir ao silêncio todos os homens maus da nossa terra, erradicar o crime da cidade do Senhor!".

Todos: Longe de mim a falsidade, e a maldade não quero nem conhecer.

CRESCER NO COMPROMISSO

Ser profeta é falar em nome de Deus, a partir das coisas que estão acontecendo.

✴ Hoje muitas situações também não estão nos planos de Deus, pois não promovem a vida. Converse com sua família e pensem juntos em algo que podem fazer para serem profetas diante de alguma situação.

18 PROFETAS, VOZES DA ESPERANÇA

Na caminhada do povo de Israel, muitas vezes o povo também desanimou. Mas Deus não deixava isso acontecer por muito tempo. Enviava profetas para animá-lo, defendê-lo das injustiças, mantê-lo fiel à esperança de que um Messias viria para salvá-los do sofrimento. E Deus mandou muitos profetas, inclusive Isaías.

O profeta Isaías profetizou durante mais de 40 anos em um período difícil para o povo de Deus, ameaçado por invasões de outros povos. Ele é considerado o maior de todos os profetas.

CRESCER COM A PALAVRA

Isaías dizia ao povo que Deus não queria que ele voltasse a ser escravo, mostrando o Deus único e vencedor, que age na vida de todos. Mesmo perseguido, incompreendido e abandonado pelos amigos, Isaías assumiu plenamente a missão de profetizar e insistiu no anúncio da vinda do Messias Salvador.

- Acompanhe em sua Bíblia o texto: Is 6,1-8.

1. Vamos registrar:

a. Por que o profeta Isaías disse aos anjos: "Ai de mim, estou perdido!"?

b. Depois que o anjo tocou os lábios de Isaías, ele criou coragem e respondeu a Deus. Qual foi sua resposta?

Isaías foi educado no Templo, vivia na cidade, era um homem correto e agia conforme o que aprendeu. Foi coerente com Deus e com sua mensagem para o povo de Israel daquele tempo. Isaías, embora fosse rico, ficou do lado dos pobres e deu esperanças ao povo anunciando a vinda do Messias Salvador.

A partir da descoberta de sua vocação, o profeta Isaías lutou sempre contra as injustiças que os pobres sofriam. Por sua coragem de enfrentar os poderosos e anunciar tempos melhores com a vinda do Messias, ele é chamado de profeta da justiça e da esperança.

Isaías soube ver as necessidades de seu povo, principalmente dos que mais sofriam.

E você, tem sido sensível às necessidades das outras pessoas?

2. Escreva uma carta a Deus denunciando uma injustiça social dos dias de hoje. Explique que ainda temos esperança de mudar esta situação.

CRESCER NA ORAÇÃO

Catequista: Isaías acreditava em um mundo onde todos fossem felizes e vivessem na justiça. A esperança no Messias, o Salvador, fazia com que ele pedisse sempre ao povo que adorasse e confiasse no verdadeiro Deus. Por confiar em nosso Deus Salvador, vamos recitar orando o Salmo 2,7-8.

Catequizando 1: Vou proclamar o decreto do Senhor: "Ele me disse: 'Tu és o meu Filho, eu hoje te gerei!'" (Sl 2,7).

Catequizando 2: "Pede-me e te darei como herança as nações, e como tua posse os confins da terra" (Sl 2,8).

Catequista: Somos chamados a ser profetas do Senhor nos dias de hoje. Pedimos a Deus a força para realizar esta importante missão.

Todos: *Deus, nosso Pai misericordioso, nós queremos ser teus profetas através de nossa vida, de nossas palavras, denunciando as injustiças e anunciando as maravilhas de teu Reino. Nós te pedimos coragem. Em nossas casas, em nossa escola e entre nossos amigos,* *queremos ser luz de esperança, amor, carinho e justiça.*

 Catequista: *Senhor Deus de bondade e justiça, que tenhamos a mesma coragem do profeta Isaías de levar a esperança aos que estão em momentos de dificuldade, em especial aos nossos familiares. Amém.*

CRESCER NO COMPROMISSO

As profecias de Isaías e de outros profetas bíblicos estão valendo até hoje no que diz respeito à necessidade de conversão, de combate às injustiças e da esperança em Deus Salvador.

Que tal assumir o compromisso em relação ao que aprendeu na catequese? Começando por sua própria vida, procure:

✶ Combater as injustiças: na escola, com os amigos, em casa...

✶ Anunciar a Boa-Nova: encorajar os pais, os irmãos e os amigos nas horas de dificuldade; ensinar a vida de Jesus a outras pessoas.

✶ Para não esquecer esse importante compromisso, vamos registrá-lo?

MARIA, A MÃE DO SALVADOR

19

Ao longo dos encontros de catequese descobrimos que, por amor, Deus criou tudo o que existe. Mas muitas vezes o ser humano nega o amor de Deus e começa a fazer tudo errado. Então, Deus enviou seu Filho para salvá-lo e ensiná-lo a amar novamente.

Deus escolheu uma jovem chamada Maria e enviou o anjo Gabriel para anunciar que ela seria a mãe do Salvador. Deus chama Maria, uma mulher simples, humilde, mas muito obediente a seus mandamentos.

CRESCER COM A PALAVRA

Ouça e acompanhe em sua Bíblia a leitura: Lc 1,28-38.

1. Após ouvir o texto bíblico, pare e pense:

   a. O que mais marcou você? Anote.

   _____
   _____
   _____

2. Converse com seu grupo e catequista:
- Que lugar Maria ocupa em nossas vidas, em nossas famílias?
- Como Maria nos ajuda a sermos mais amigos de Jesus?

3. No coração, escreva algumas qualidades que admira em sua mãe, (ou na pessoa que mais cuida de você).

- Observe o que escreveu.

Todas essas palavras estão relacionadas à responsabilidade de ser mãe, de cuidar de uma criança. É uma tarefa de responsabilidade que exige qualidades para desempenhá-la. Foi por isso que Deus, quando quis enviar seu Filho Jesus Cristo para viver entre nós, escolheu Maria para ser a sua mãe.

Maria era uma jovem simples, pobre e piedosa. Amava muito a Deus, sempre acolhia e ajudava os outros em todas as situações. Um dia ela foi surpreendida por um mensageiro – o anjo Gabriel. Ele lhe disse que Deus a havia escolhido para a grande missão de ser a mãe do Salvador. Ela aceitou, disse "sim" de todo coração à proposta de Deus. Com seu "sim", Maria coloca-se totalmente a serviço do Senhor.

4. Quando nós dizemos "sim" ao plano de Deus, como fez Maria?

5. Maria foi a mulher bendita que mais colaborou com o plano de Deus. Você conhece, na sua comunidade, mulheres que colaboram para o bem dos outros? Escreva os nomes delas e o que fazem.

Após o anúncio do anjo Gabriel, Maria foi visitar sua prima Isabel que estava grávida. Logo que Isabel a viu, reconheceu nela a mãe do Salvador prometido e exclamou: "Que felicidade para mim! Receber em minha casa a mãe do meu Senhor". Essa visita foi um gesto de Maria para ajudar Isabel, e a partir de seu "sim" ela se torna a portadora da Boa Notícia de Deus para a vida de Isabel. Maria nos convida a assumir a postura de nos colocar a serviço daqueles que mais precisam.

CRESCER NA ORAÇÃO

Catequista: Maria, como toda a gente de seu tempo, aguardava, na oração, na leitura e na reflexão da Palavra de Deus, o Messias que estava para chegar. E foi exatamente ela que Deus escolheu para ser a mãe de seu Filho Jesus. Nossa Igreja lembra este fato com uma bonita oração, que, com carinho, vamos rezar:

Lado A: *O anjo do Senhor anunciou à Maria.*
Todos: *E ela concebeu do Espírito Santo.*
Lado B: *Eis aqui a serva do Senhor.*
Todos: *Faça-se em mim segundo a sua palavra!*
Lado A: *E o Filho de Deus se fez homem.*
Todos: *E habitou entre nós!*
Lado B: *Rogai por nós, Santa Mãe de Deus, agora e para sempre. Amém.*
Todos: *Ave Maria, cheia de graça, o Senhor é convosco...*

CRESCER NO COMPROMISSO

Maria respondeu ao anjo Gabriel com uma frase meio complicada. Ela queria dizer mais ou menos o seguinte: "Estou à disposição de Deus. Quero que aconteça em mim tudo isso que você falou".

✶ Pense com sua família em algum gesto que pode ajudar a dizer "sim" ao plano de Deus, assim como fez Maria. Depois registre-o.

ENCONTRO CELEBRATIVO
PROFETAS, MENSAGEIROS DE DEUS

20

ACOLHIDA

Catequista: Queridos catequizandos, nesta celebração recordamos que a criação do mundo, a escolha do povo na pessoa de Abraão, a aliança com Moisés no deserto, os fatos da época dos reis, dos profetas e de Maria, fazem descobrir o Deus Libertador e Criador, o Deus presente que caminha com seu povo, fiel à aliança. E vão transmitindo aos filhos e netos, primeiro de boca em boca, mais tarde por escrito, na Bíblia, esta certeza: Deus caminha conosco! Hoje lembramos pessoas que foram escolhidas e chamadas por Deus para falar em seu nome. Unidos na gratidão ao nosso Deus por esse gesto de amor por nós, iniciemos: Em nome do Pai e do Filho e do Espírito Santo.

Todos: Amém.

Catequizando: Deus coloca algumas pessoas em nossas vidas para nos ajudar a entender qual o seu plano de amor por nós e como devemos caminhar para sermos sempre felizes, assim como Ele quer.

ATO PENITENCIAL

Catequista: Sabendo que toda autoridade vem de Deus, o profeta de hoje deve ser porta-voz do bem-estar social e da defesa da dignidade da vida. O profeta é aquele que fala com a autoridade de Deus e é abençoado por Ele. O verdadeiro profeta enxerga o presente com os olhos de Deus e consegue ler nos acontecimentos a vontade d'Ele. Por isso pode dar voz às suas palavras!

Catequizando: O povo escolhido muitas vezes esqueceu a aliança com Deus e deixou de fazer a sua vontade. Os profetas, cheios do Espírito do Senhor e inspirados por Ele, anunciavam a Palavra de Deus com muita coragem.

Todos: A Palavra do profeta é interiorizada na vida e provoca mudanças, conversão e justiça.

Catequista: Os profetas vivem conforme a vontade de Deus e têm coragem de denunciar as injustiças, defender os pobres, criticar as opressões, construir a fraternidade.

Todos: O profeta sente o peso da sua missão. Tem consciência de que não fala em seu nome, mas em nome de Deus. Enfrenta obstáculos e provações.

PROCLAMAÇÃO DA PALAVRA

Catequista: A Bíblia nos apresenta vários profetas. Alguns escreveram muito, outros escreveram pouco, mas todos trouxeram a voz de Deus ao povo. Hoje vamos celebrar o amor de Deus por nós recordando o profeta Jeremias.

Canto

Leitor: Leitura do Livro do Profeta Jeremias 1,4-10.17-19.

Leitor: Palavra do Senhor.

Todos: Graças a Deus.

REFLEXÃO SOBRE A PALAVRA

Catequista: Deus se revela a Jeremias e lhe dá a missão de destruir, arrancar e plantar a justiça divina (Jr 1,10). Jeremias, ainda muito jovem quando foi chamado por Deus para ser profeta, diz que não sabe falar.

Catequizando 1: "Ah! Senhor Deus, eis que eu não sei falar, porque ainda sou uma criança" (Jr 1,6).

Catequista: E Deus mesmo lhe diz: "Não tenhas medo deles, para que eu não te aterrorize à vista deles" (Jr 1,17). "Antes mesmo de te formar no ventre materno, eu te conheci; antes que saísses do seio, eu te consagrei. Eu te constituí profeta para as nações" (Jr 1,5). Ele não se sentiu preparado para essa missão, mas aceitou a vontade de Deus e começou a profetizar, advertindo o povo sobre as destruições que um inimigo poderoso iria provocar.

Deus, quando chama alguém, é porque este já é íntimo seu: "Antes mesmo de te formar no ventre materno, eu te conheci; antes que saísses do seio, eu te consagrei" (Jr 1,1-5). Com essas palavras, Jeremias narra a sua experiência de Deus.

Todos: A missão profética e sua realização confirmam o chamado.

Catequizando 2: Jeremias tem consciência de que ele é um consagrado para a missão profética: "Eu te consagrei" (Jr 1,5b). Por isso ele não sabe fazer outra coisa senão ser profeta.

Todos: O profeta é porta-voz de Deus (Jr 1,7).

Catequista: Jeremias terá que falar em nome de Deus, e em sintonia com o povo ao qual ele foi enviado. E Deus estará com ele sempre. Suas palavras são colocadas em sua boca, de modo que fale em nome d'Ele (Jr 1,10).

Todos: O profeta é abençoado por Deus.

Catequista: Numa comunidade cristã, Deus chama pessoas para serem profetas hoje. Cada pessoa deve alimentar sua vocação profética, sendo um mensageiro de Deus fazendo os outros felizes. Você está colaborando neste sentido, na sua comunidade, na sua escola, na sua família?

ORAÇÃO

Catequista: Deus precisa de homens e mulheres que sejam a sua voz, pois Ele quer falar por meio de nós.

Todos: Deus nos chama a ser profetas hoje, em nossa cidade, em nossa família, em nossa escola.

Catequizando: Nossa vida segue adiante como um caminho que percorremos com a ajuda dos irmãos, dos santos e dos profetas. Estes últimos nos ajudam a atravessar as dificuldades com confiança e esperança, porque apontam sempre para nosso Cristo e Senhor!

Catequista: Vamos fazer nossa oração a Deus, agradecendo e suplicando. Rezemos juntos:

Todos:

Senhor nosso Deus, nós queremos agradecer porque, por amor, enviaste profetas que nos trouxeram tua vontade. Queremos agradecer também porque nos enviaste teu Filho Jesus, que nos ensinou que cuidas de nós durante todo o tempo. E nós te pedimos, Senhor, para que sejamos corajosos e confiantes como Jeremias e os outros profetas, para anunciar teu plano de amor em todos os lugares por onde caminharmos. Amém!

Canto

Conecte-se conosco:

facebook.com/editoravozes

@editoravozes

@editora_vozes

youtube.com/editoravozes

+55 24 2233-9033

www.vozes.com.br

Conheça nossas lojas:

www.livrariavozes.com.br

Belo Horizonte – Brasília – Campinas – Cuiabá – Curitiba
Fortaleza – Juiz de Fora – Petrópolis – Recife – São Paulo

EDITORA VOZES LTDA.
Rua Frei Luís, 100 – Centro – Cep 25689-900 – Petrópolis, RJ
Tel.: (24) 2233-9000 – E-mail: vendas@vozes.com.br